novum premium

Nicole Luck

EINZIG-ARTIG SEIN

novum premium

Bibliografische Information
der Deutschen Nationalbibliothek:

Die Deutsche Nationalbibliothek
verzeichnet diese Publikation in
der Deutschen Nationalbibliografie.
Detaillierte bibliografische Daten
sind im Internet über
http://www.d-nb.de abrufbar.

ISBN 978-3-903861-45-9
Umschlagfoto:
Nemetse | Dreamstime.com
Umschlaggestaltung, Layout & Satz:
novum Verlag

Gedruckt in der Europäischen Union
auf umweltfreundlichem, chlor- und
säurefrei gebleichtem Papier.

www.novumverlag.com

INHALT

Zufriedenheit

Mit sich selbst zufrieden zu sein, ist das Beste.
Mit der Welt zufrieden zu sein, ist äußerst schwierig.
Mit seinem Partner zufrieden zu sein, liegt manchmal im Bereich des Möglichen.
Mit dem Leben zufrieden zu sein, ist wichtig, besonders, wenn die Dinge nicht wie gedacht laufen.
Zufriedenheit.

Sanftmut

Es gibt Lebewesen auf dieser Welt, die sanftmütig sind.
Sie zeigen allen Lebewesen gegenüber Anstand und Sanftmut, ganz egal, welchen Hintergrund sie haben.
Diese Lebewesen beschämen in der Tat den Rest der Welt.
Solche Wesen sind so sanftmütig, dass es einen zu Tränen rührt.
Sanftmut.
Andere über solchen Sanftmut und die Liebenswürdigkeit sprechen zu hören, die diese Lebewesen ihnen gegenüber zeigten, erfüllt einen mit Stolz, Teil dieser Familie zu sein.
Zu realisieren, dass die Bausteine der Familie einem eingepflanzt wurden, lässt einen das Leben noch mehr wertschätzen.

SEELE

Die Seele ist eine vom Körper getrennte Einheit!
Hast du dich einmal nicht mehr im Einklang gefühlt?
Dieses Gefühl, wenn du dir der Dinge bewusster bist.
Hab keine Angst.
Du wirst eine Verbindung zu deiner Umwelt und den Menschen um dich herum aufbauen.
Jeder und jede von uns ist einzigartig.
Manche haben die Fähigkeit, die Gedanken anderer zu lesen.
Manche können spüren, was ein anderer sagen wird, bevor er es sagt.
Manche können erkennen, ob jemand die Wahrheit spricht oder nicht.
Manche sind einfach mehr im Einklang mit der Natur.
Manche können Dinge riechen, hören, fühlen, sehen und berühren und wissen, was gerade geschieht.
Nicht immer alles gleichzeitig, aber fast.
Ich kann hören, was du denkst.
Woher weißt du das?
Du wirst es fühlen oder wahrnehmen.
Wir sind alle einzigartig!
Wir sind eigentlich alle miteinander verbunden, egal, ob wir es wissen oder nicht.
Ich wette, du hast schon einmal etwas gespürt, warst aber nicht sicher, was es war.
Es mag schwach oder stark sein, abhängig von der Stufe, auf der du dich befindest.
Es wird an verschiedenen Stufen deines Lebens langsam immer stärker.
Wir alle werden im Einklang mit unserer Seele und der Welt um uns herum stehen.
Jeder und jede offenbart anderen und den Menschen, die einen umgeben, die eigenen Energien.

Zuhören

Ist wie ein Künstler bei der Arbeit.
Jemand anderem zuzuhören nimmt dein ganzes Sein in Anspruch.
Zuzuhören, was gesagt wird, muss fein abgeglichen werden, um die tieferliegende Botschaft zu verstehen.
Mit allen Sinnen zuzuhören ist harte Arbeit.
Zuzuhören bedeutet, selbst aus freien Stücken für diejenigen da zu sein, die es brauchen.
Zuzuhören ist eine Freude, manchmal jedoch schmerzhaft.
Der Seele dieses Menschen umfassend zuzuhören.
Sich selbst zuzuhören ist wichtig.
Es unterscheidet einen von den anderen.
Zuhören.
Du könntest etwas Neues lernen.

Anders

Anders als die Person neben dir zu sein, ist schwer.
Das schwarze Schaf in der Familie sein.
Der letzte zu sein, ist schwer.
Anders zu denken, ist schwer.
Du wirst immer wie ein komisches Kind hervorstechen.
Anders zu sein und die Wahl, es zu bleiben, ist schwer.
Du brauchst viel Durchhaltevermögen und einen tiefsitzenden Glauben.
Du musst an dich glauben.
Niemand wird dir helfen.
Bleib aufrecht und sei wahrhaft zu dir selbst.
Am Ende wird alles gut sein.

ENTSCHEIDUNGEN

Menschen sollte es immer noch gestattet sein, ihre eigenen Entscheidungen zu treffen.
Menschen haben die Fähigkeit zu unterscheiden, was richtig und was falsch ist.
Mit jeder falschen Entscheidung lernt man und kann die nötigen Änderungen übernehmen, um denselben Fehler nicht noch einmal zu machen.
Mit jeder richtigen Entscheidung lernt man noch mehr und kann sich weiter verbessern.
Aber lass jeden Menschen seine eigenen Entscheidungen treffen.
Wenn man einen Menschen gegen seinen Willen zu etwas zwingt, erhöht das oft nur die Aggression oder Passivität.
Und keine dieser Eigenschaften nutzen irgendwem.
Warum muss man anderen aufzwingen, was richtig oder falsch ist?
Wäre es nicht das Beste, du würdest selbst ein Beispiel geben und deinem eigenen Ratschlag folgen?
Die Art und Weise, wie wir mit unserer Umgebung leben, wirkt sich häufig auf den nächsten Menschen aus; dem zu folgen oder nicht, bleibt jedem selbst überlassen.
Sei weise!

VERÄNDERUNG

Die Veränderung in sich zu spüren, bereitet ein Gefühl der Wonne und Erfüllung.
Nicht mehr der gleiche Mensch zu sein wie sechs Monate zuvor.
Sich bewusst sein, sich zum Besseren verändert zu haben.
Die Routinen im Leben schwierig zu finden.
Du spürst deinen inneren Frieden.
Du fühlst dich wie neugeboren, und das bist du auch.
Dein altes Ich existiert nicht mehr und es ist zu schwer zurückzugehen.
Das Leben ist anders.

Die Existenz ist anders.
Mag ich das neue Ich?
Ja, das tue ich.
Aber es ist so schwer, es zu erklären, wenn man es nicht selbst durchlebt!

OBERFLÄCHLICH

Anderen gegenüber oberflächlich zu sein ist anstrengend.
Vorzuspielen, dass du anders bist, wenn du tief in dir weißt, dass du es nicht bist.
Wenn du siehst, wie andere oberflächlich mit sich und anderen umgehen, scheint es so einfach zu sein.
Wie kann man oberflächlich sein und behaupten, dass man ehrlich ist, wenn es nicht stimmt?
Wie kannst du verhindern, mit dem Strom zu schwimmen, und dennoch zu dir selbst stehen?
Vermutlich sollte es mit wahren Freunden, die so sind wie man selbst, und die deine Situation direkt verstehen, einfach sein.

LIEBENDE

Jeder kann sich verlieben.
Aber wahre Liebe ist eine tiefere Verbindung zwischen zwei Seelen, was etwas sehr Besonderes ist.
Es braucht Zeit, Geduld und Mitgefühl, um sich zu dem zu entwickeln, was man ist.
Seelenverwandtschaft.
Das ist die Basis wahrer Liebe.
Den anderen Menschen zu verstehen, erfordert, sich erst einmal selbst zu verstehen.
Und so entsteht die tiefe Verbindung zwischen zwei Liebenden.

ZEIT

Die Zeit wird zeigen, wann wir zusammen sein werden.
Die Zeit basiert nicht auf der Wahrnehmung des Menschen,
Zeit basiert auf Energie.
Zeit.
Die Zeit ist eine fortwährende Erinnerung an Dinge, an denen Herz und Geist arbeiten müssen, um Ballast abzuwerfen, den wir alle mit uns herumtragen.
Zeit.
Zeit hilft der Seele zu erwachen.
Zeit.
Zeit heilt alle Wunden, wenn wir sie lassen.
Zeit ist Mitgefühl.
Zeit ist die Seele.
Seele ist Zeit.
Wir müssen nur der Zeit vertrauen.

FURCHT

Warum fürchtet man das Leben?
Was ist Furcht?
Furcht ist ein weiteres menschliches Gefühl.
Furcht zu verspüren hält einen davon ab, eins mit sich selbst zu werden.
Furcht ist das Gegenteil von Liebe.
Zu lieben bedeutet, keine Furcht vor dem zu haben, was das Leben sein kann.
Liebe heilt alles, was der Mensch fürchtet.
Also sei die Liebe und du wirst sehen, dass Liebe alles erobert.

DAS KAPITEL

Ein neues Kapitel beginnt gerade.
Ein Kapitel wird neu geschrieben.
Eine Eingebung neuer Gedanken, die ein Teil von dir werden.
Man könnte fragen, warum ich?
Was auch immer der Grund sein mag, lass dich einfach treiben.
Das Leben ist rätselhaft.
Folge deinen Instinkten und alles wird gut.
Ein neues Kapitel hat begonnen und es fühlt sich aufregend an, ein Teil davon zu sein.
Wir alle brauchen Neuanfänge in unserem Leben.
Sie erweitern unseren Horizont und bringen uns dazu, eins mit uns selbst sein zu wollen.
Also genieße, akzeptiere und sei glücklich!

VERSTÄNDNIS

Einen anderen Menschen zu verstehen, erfordert, zunächst sich selbst zu verstehen.
Wir sind alle gleich, einfach einzigartig.
Den Gedankengang eines anderen Menschen zu verstehen bedeutet, seine Kultur, seine Sprache, seine Religion und seinen Familienhintergrund zu verstehen.
Menschen sind nicht kompliziert.
Du wirst sie leicht verstehen, wenn du alle deine fünf Sinne einbeziehst.
Menschen.

PARTYS

Junggeblieben Partys feiern.
Manche feiern die ganze Zeit über.
Sie wollen dazu gehören.
Um zu spüren, dass sie geliebt und gebraucht werden.
Party.
Für manche ist das nicht notwendig.
Doch neunzig Prozent der Gesellschaft, ob alt, ob jung, haben das Bedürfnis, dazuzugehören.
Allerdings ist das Leben keine Party.
Also sei dir darüber im Klaren.
Denn die Seele ist nicht glücklich, wenn du weiterhin gegen sie handelst.
Sie wird kämpfen und unter Schmerzen sterben.
Achte auf dich und vergiss nie, auf deine Seele zu hören.

KASSIERER

Diese Wesen zu beobachten, ist interessant.
Alle sind für sich so einzigartig.
Manche lebendiger als andere.
Manche neugieriger auf das Leben.
Manche scheinen nur halb lebendig.
Mache farbenprächtig.
Manche einfach nur langweilig.
Kassierer.
Sie sehen mehr Dinge als die meisten Menschen, die durch ihren Laden gehen.
Wow!
Ihre Geschichten zu hören wäre ein Heidenspaß.
Manchen ist es egal, denn sie sind nur des Geldes wegen da.
Während andere da sind, um ihren Geist zu beschäftigen und sich zu Hause nicht zu langweilen.

BRIEFTRÄGER

Nun ja, das ist eine Arbeit für Weise.
Die Menge an Post, die man den ganzen Tag über ausliefern muss.
Tagein, tagaus.
Möge Regen, Sonne, Hagel, Wind oder was auch immer kommen.
Der Briefträger ist immer da.
Sie sind menschlich, genau wie du.
Sie müssen Dinge sehen, denen die meisten Menschen nicht einen Gedanken schenken würden.
Die Geschichten, die sie wohl kennen müssen.
Sie warten nur darauf, dass jemand die richtige Frage stellt und ihnen ein Ohr leiht.
Der Briefträger ist ein Mensch mit Gefühlen und sollte gehört werden.
Also leih ihm ein Ohr, höre seinen Geschichten zu, und du lernst vielleicht etwas über deinen Stadtteil.

BUSFAHRER

Oh, die Freuden, Busfahrer zu sein.
Verantwortlich für all die Passagiere zu sein, die im Laufe deiner Schicht ein- und aussteigen.
Oh, die Dinge, die dir untergekommen sind und die vermutlich nie wieder sehen willst.
Die Verrückten, die an deinem Fenster vorbeigehen.
Die merkwürdigen Touristen, die drauflos plappern und nicht wirklich etwas wissen, oder wohin sie fahren.
Die Einheimischen, die denken, dass sie alles wüssten.
Die Eltern und ihre schreienden Kinder.
Die Teenager und ihre vulgäre Sprache.
Die Alten, die keine Geduld haben.
Die Betrunkenen, die sich im hinteren Teil deines Busses übergeben und die Schweinerei zurücklassen.
Der immer weiter zunehmende Verkehrslärm, bei dem du manchmal wünschst, du könntest ihm entfliehen.
Oh, der Busfahrer eines Doppeldeckers zu sein.
Solch großes Wissen, das du besitzen musst, um durch die engen Straßen Londons manövrieren zu können.
Oh, die Geschichten, die sie dir erzählen würden, wenn jemand zuhören würde.
Die Tränen, das Gelächter und der Wahnsinn, die du in London geschehen siehst.
Das Gute und das Schlechte.
Aber am Ende des Tages liebst du deine Arbeit immer noch!

ZUGFÜHRER

Oh, die Geschichten, die du so gerne in der Öffentlichkeit erzählen würdest.
Die Tränen der Frustration, wenn Passagiere die Türen offen halten, nur weil sie es können.
Die Freude, durch die Sprechanlage zu schreien, um dem Idioten zu sagen, dass er diesen Schalter nicht berühren darf.
Der Ärger mit den Schulkindern, die irgendwo in London ein Museum besuchen.
Die bestürzte Ungläubigkeit, jemanden zu sehen, der sich auf den Gleisen erleichtert.
Das vergnügte Lachen, wenn ein betrunkener Sack, der nicht mehr geradeaus gehen kann, dir zuwinkt.
Der Schrecken angesichts eines Menschen, der beschloss, sich das Leben zu nehmen.
Mitleid mit den Tieren, die mit dem Zug reisen müssen, weil ihre Besitzer glauben, dass es gut für sie sei.
Oh, die Geschichten, die der Zugführer dir erzählen könnte, wenn du doch nur die richtigen Fragen stellen würdest.
Er ist schließlich genauso menschlich wie du.

MUTIG

Sei mutig in dieser unserer dunklen Welt.
Sie wird immer dunkler.
All die Negativität, die im Fernsehen gezeigt wird, in den Nachrichten, Gesprächen, Ängste – all das verleiht der Negativität Macht.
Du musst das Licht sein.
Du musst der Welt zeigen, dass du keine Angst hast.
Auch wenn nur du es bist.
Du musst mutig sein.
Jemanden an deiner Seite zu haben, der genauso denkt wie du, wäre ideal.
Aber er oder sie ist vielleicht nicht bereit.
Also sei mutig.
Mit Liebe und Mitgefühl ist alles möglich.
Hab keine Angst.
Sei mutig!

LICHT

Das Licht in dieser Welt zu sein.
Ist eher beängstigend.
Eins mit dem Licht zu sein, ist ein wunderbares Gefühl der Wonne.
Die Veränderung in sich selbst zu spüren, noch kraftvoller.
Hab keine Angst vor dieser Stärkung.
Du bist der Erweckte.
Derjenige, der die Härten deiner Lebenserfahrungen versteht.
Du bist mit all dem Schmerz und all dem Leid, das du gesehen und selbst erfahren hast, doch weit gekommen.
Du bist du.
Deine Seele ist dankbar, dass du das Licht gewählt hast.
Die Liebe in dir ist ungemein gewachsen.
Deine Nächstenliebe, denen zu vergeben, die dich gepeinigt haben, ist vorbildlich.
Zu lieben und dir selbst zu vergeben ist noch wertvoller, da du gelernt hast, dir mit all deinen Fehlern zu vertrauen.
Das ist das Licht, das du mit der Welt teilen musst.
Sei die Inspiration für diejenigen, die glauben, sie könnten das nicht.
Sei das Licht, das in die Herzen und Seelen der anderen Menschen scheint.
Licht ist Liebe und es gibt nichts Großartigeres!

WISSEN

Ich bin nicht anders als du.
Ich bin einfach nur ich.
Ich bin menschlich, aber auch nicht.
Ich habe gerade erst gelernt, mich selbst zu akzeptieren.
Das können wir alle.
Durch die Kraft von Zeit, Geduld, Heilung und Mitgefühl für sich selbst kann jeder einzelne von uns derjenige sein, der er sein soll.
Sich selbst zu kennen, ist die Essenz des Selbst.
Die Einheit, mit jemandem zusammen zu sein.
Das Wissen darum, dass wir mehr als menschlich sind, ist die Essenz des Einsseins mit der Seele.
Die Seele weiß alles.
Die Seele ist die Antriebskraft hinter dem, der wir sind.
Wir müssen einfach darauf vertrauen, dass das Wissen, das wir mit den immer stillen Seelen gelernt haben, der richtige Weg ist.
Aber am Ende wird die Zeit zeigen, ob wir recht haben oder nicht.
Lass dich nicht durch die falschen Wendungen, die wir manchmal in unserem Leben nehmen, entmutigen. Am Ende werden wir alle unser Kreislaufende erreichen.
Wir werden eins mit unserem Wissen und eins mit unserer Seele, unserer Energie.
Sich selbst zu vertrauen ist die größtmögliche Erkenntnis.
Wissen.

ANNAHME

Jemand anderen anzunehmen ist für manche schwer.
Eine helfende Hand anzunehmen, wenn das Leben schwer wird.
Zu denken, dass man keine Hilfe braucht, bedeutet, Angst davor zu haben, wieder verletzt zu werden.
Hinzunehmen, dass man sich weniger wertvoll fühlt.
Doch das ist nicht eine Form der Schwäche, sondern Mut.
Wir müssen alle lernen, die Hilfe anderer anzunehmen.
Egal was wir denken.
Sei mutig und mache den ersten Schritt ins Unbekannte.
Du könntest es vielleicht mögen und deine Seele wird dich dafür lieben.

VERLUST

Mit sich selbst zu hadern ist eine Form, sich selbst Glück zu versagen.
Warum?
Warum bist du in deinem Inneren nicht mutig genug?
Was hast du zu verlieren?
Wirklich nichts.
In Wirklichkeit wirst du dank des Versuchs Wissen und Liebe gewinnen, auch wenn es nicht gut läuft.
Aber dieses Gefühl, mit der Person zusammen zu sein, die du liebst, freundschaftlich oder mehr, das ist das großartigste Gefühl von allen.
Dein Glück ist das, was auf dem Spiel steht.
Deine Seele wird dich dafür lieben, mit dem Menschen zusammen zu sein, dem du vorherbestimmt bist.

INTUITION

Seiner Intuition zu folgen, ist sehr wichtig.
Der sechste Sinn.
Dieses Gefühl oder Wissen darum, dass jemand deine Hilfe braucht.
Dieses Gefühl, dass sie gerade nicht zurechtkommen.
Da zu sein, egal wie nah oder weit entfernt, ist sehr wichtig für sie.
Sie dafür zu lieben, wie sie sind.
Ihnen verständlich machen, dass du immer für sie da sein wirst, egal was auch geschieht.
Egal wie unwichtig oder riesig das Problem ihrem Gefühl nach ist, lass sie wissen, dass du sie liebst und für sie da bist, falls sie dich brauchen.
Kein Druck.
Aber vertraue dir selbst und mit der Zeit wird alles gut.
Das Leben ist voller Geheimnisse, besonders wenn es um die Seele und die tiefe Verbindung zwischen zwei Menschen geht.

ZUWENDUNG

Sich jemandem zuzuwenden bedeutet, ihm von ganzem Herzen zu vertrauen.
Es ist sehr wichtig, sich jemandem zuzuwenden, der sich fürchtet, sich selbst zu zeigen. Aber es ist noch wichtiger, für euch beide stark zu sein.
Es ist sehr wichtig, Geduld für den Menschen aufzubringen, dem du dich so sehr zuwendest.
Keinen Druck auszuüben, wenn du ungeduldig bist.
Da zu sein, wenn er oder sie dich am meisten braucht.
Für alles offen zu sein.
Sich seiner Unfähigkeit bewusst zu sein, jede Form der Liebe akzeptieren zu können.
Geduldig sein und sich zuzuwenden ist das, was nun wichtig ist.
Nicht mehr und nicht weniger.

SCHÖNHEIT

Oh, schön und jung zu sein.
Zu wissen, dass dich die anderen nicht nur um deine Schönheit, sondern auch um deine Intelligenz beneiden.
Solch ein wunderschönes Wesen, sowohl innerlich als auch äußerlich, das nicht weiß, wie stolz deine Eltern auf dich sind.
Zu wissen, dass du in unserer verrückten Welt auf dich selbst achtgeben und dich schützen kannst.
Liebe dich!

DAS HÄSSLICHE ENTLEIN

Das hässliche Entlein, das zum Schwan wurde.
Den Wandel von Unsicherheit hin zu Zuversicht zu sehen, ist das großartigste Gefühl.
Zu wissen, was man ist, ein Schwan unter Schwänen, aber dennoch einzigartig.
Das ist ein tolles Gefühl.
Zuversichtlich und voller Liebe zu jemandem zu sein, ist das großartigste Geschenk, das man haben kann.
Oh! Das hässliche Entlein wurde zu einem Schwan.
Das hat es für sich erreicht, und es hat die Aussicht darauf, besser als erwartet zu werden.
Dieses Gefühl, eins mit sich selbst zu sein.
Der Schwan wird von anderen beneidet.
Alle möchten wie der Schwan sein, aber die Zutaten fehlen: Selbstlosigkeit, Ehrlichkeit, reine Liebe, innerer Friede, innere Kraft, der Glaube an sich selbst und daran, dass durch Zeit und Geduld etwas Gutes entstehen wird.
Der wunderschöne Schwan der Eleganz, der alles Gute um sich herum aufweist.
Der Schwan!

WURZELN

Was sind deine Wurzeln?
Wo bist du zu Hause?
Schwierig zu sagen, wenn man es nicht weiß.
Wer das problemlos beantworten kann, hat Glück.
Aber kannst du dir vorstellen, es nicht zu wissen?
Deine Seele weiß, dass du zur Welt gehörst, aber als Mensch gehörst du nirgendwo hin.
Wurzeln.
Die einzigen Wurzeln, zu denen man gehört, sind die, von denen man spürt, dass die Seele dorthin gehört.
Aber wo ist das?
Nirgends und dennoch überall.

MASKEN

Menschen tragen Masken, sodass niemand ihre Gefühle lesen kann.
Warum?
Wäre es nicht besser, unseren Gefühlen gegenüber ehrlich zu sein, statt uns hinter unserer Maske zu verstecken?
Kannst du beurteilen, was ein Mensch fühlt oder verbirgt?
Menschen tragen aus vielen Gründen eine Maske.
Aus Angst, offen zu sein und verletzt zu werden.
Aber wir wissen alle, dass wir aus unseren Fehlern lernen müssen, egal wie schrecklich der Schmerz ist.
Verstecke dich nicht hinter der Maske – es wird so nur schwieriger, länger zu verbergen, wer du wirklich bist.
Befreie dich selbst und liebe dich und erlaube anderen, zu dir zu kommen.
Masken!

SARDINEN

Früh am Morgen wie Sardinen eingepackt zu werden.
In die Central Line einzusteigen, wo es kaum Luft zum Atmen gibt und man sich wie die Sardinen in einer Dose zusammenquetschen muss, kann zumindest beängstigend sein.
Dieses Gefühl, dass niemand wach und jeder in seiner eigenen Welt ist.
Und alle denken, dass sie dadurch, dass sie früh zur Arbeit gehen, die Hauptverkehrszeit umgehen werden.
Was für ein Witz!
Es gibt niemals eine gute Zeit dafür, in die U-Bahn zu steigen.
Aus unerfindlichen Gründen fühlt es sich immer wie die Hauptverkehrszeit an.
Oh! Die Freude, in einer Großstadt zu leben.
Eingepfercht zu sein und nicht atmen zu können, vom Denken ganz zu schweigen.

NACHBARN

Wir müssen alle mit Nachbarn leben.
Manche sind freundlicher als andere.
Ein paar Glückspilze haben keine Nachbarn, aber die meisten haben welche.
Manche sind freundlich.
Manche sind einfach nur komisch.
Manche sind Musiker.
Manche sind laut.
Manche sind einfach nur unfreundlich.
Dies sind diejenigen, vor denen man sich in Acht nehmen muss.
Man weiß einfach nie, wie sie reagieren werden.
Oh! Das Ärgernis, neben Menschen leben zu müssen, die nicht wie du selbst sind.
Sei vorsichtig.

NEUGIERDE

Man muss immer neugierig auf das Leben sein, egal wie banal oder schwierig es ist.
Fragen stellen, wie die Dinge funktionieren; immer mehr wissen wollen.
All das vergrößert deine Erkenntnis, mehr lernen zu wollen, indem du dich selbst öffnest und dir gewahr wirst, dass das Leben um dich herum wertvoll ist.
Oh! Neugierig auf dieses Leben zu sein, ist großartig.
Das macht dich auch interessanter und klüger.

MILCHIG

Hinauf in den Himmel zu fliegen und wohin du auch guckst, ist es weiß wie Milch.
Den gesamten Ausflug über weißt du nicht, wo du bist, denn es ist so bewölkt.
Nicht einmal die Sonne kommt zum Vorschein.
Den ganzen Flug über war alles ein wenig mysteriös.
Das einzig Lebendige war der Flug.
Die Menschen im Inneren der Blase, die sich überhaupt nicht darum kümmern, was draußen geschieht.
Bei der Landung war es dasselbe.
Es fühlte sich an, wie in Milch zu landen
Vollkommen weiß.
Nicht wissend, ob du existierst oder nicht.
Was für ein bizarrer Tag das doch war.

PILOTEN

Solch stolze Wesen, die sich zusammen mit ihrem Team zu irgendeinem Flug aufmachen.
Männer und Frauen, die stolz ihre Uniform tragen und es lieben, ihren Passagieren zu zeigen,
wie gut sie ihre Arbeit verrichten können.
Denn das ist es schließlich.
Den bestmöglichen Service von A nach B bieten zu können, und das unversehrt.
Glücklicherweise haben sie keine Angst davor, Pilot zu sein.
Du darfst auf keinen Fall Angst haben, denn die Passagiere vertrauen dir.
Ein Flugzeug fliegen zu können, verdient Anerkennung und ist kein leichtes Unterfangen.
Darauf zu achten, aus dem Flughafen hinaus, an all den anderen Flugzeugen mit ihren langen Flügeln vorbei und dann die Startbahn hinunter zu fahren, sich anzustellen und dann mit voller Kraft zu beschleunigen, sodass man das Flugzeug hoch in die Luft bringen kann.
Wow, was für eine Arbeit.
Und natürlich beginnt der ganze Prozess nochmal von vorne, wenn man ohne Unfall landen muss.
Gute Leistung.
Ich bin einfach nur froh, dass ich keine Pilotin bin.
Ich überlasse euch diese Arbeit.
Danke!

VERBUNDENHEIT

Was ist Verbundenheit?
Bedeutet es, dass wir mit allen Lebewesen, Einheiten und universal verbunden sind?
Spüren Tiere wegen ihrer Seele dieselbe Verbundenheit?
Wie spüren Tiere diese Verbindung mit der Natur und wie spürt die Natur sie ebenfalls?
Sie spürt die Energie, Zeit und Raum, die eine Schlüsselrolle bei allen Verbindungen spielen.
Mit allen belebten Dingen verbunden zu sein, die verknüpft sind und daher voneinander lernen.
Die Essenz der Einheit.
Einssein!

BEGLÜCKEND

Sich von der Schönheit des Lebens überwältigt zu fühlen.
Die Bedeutung zu fühlen, die das Gedicht zu vermitteln versucht.
Ehrfürchtig den Worten, die aus einem selbst herauskommen, gegenüber zu stehen.
Erstaunlich.
Unglaublich.
Wo war das mein ganzes Leben lang?
Es ist solch ein großartiges Gefühl, zu realisieren, dass ich das bin.
Dass meine Seele lebendig ist und dass sie diese wunderschöne Botschaft mitteilen will.
Es ist so wichtig, anderen Zuversicht zu geben, sodass sie an sich glauben und ihnen das ebenfalls gelingt.

BLENDUNG

Nachts zu fahren und von den Scheinwerfern geblendet zu werden, die auf dich zukommen.
In einem Schneckentempo zu fahren, weil sich der Nebel gerade über alles gelegt hat.
Durch das hohe Gras zu fahren und nicht zu wissen, ob es einen anderen Wagen gibt, der dir entgegenkommt.
Fahren bei Nacht.
Denke an die vorsichtigen Fahrer, die nachts fahren müssen, da es keine Alternative gibt.
Fahre vorsichtig, mein Freund, und lass mich wissen, dass du es sicher nach Hause geschafft hast.

ZEIT UND VERTRAUEN

Die beiden wichtigen Dinge.
Die Essenz des Lebens.
Diese tiefe Verbindung zwischen zwei Menschen.
Durch Zeit, die üblicherweise anders ist; dieses spirituelle Gefühl, dass wir dazu bestimmt sind, zusammenzusein.
Der Zeit und uns selbst vertrauen, dass wir zusammen sein wollen.
Sich gegenseitig zu vertrauen, dass wir im Laufe der Zeit zusammen sein werden, weil wir es gewählt haben.
Unsere Seelen werden froh und zufrieden sein, dass wir der Zeit und uns vertraut haben, etwas daraus machen zu wollen.
Liebe zwischen zwei Seelen ist wunderschön.

NATIONEN

Einer Nation anzugehören, ist schwer genug.
Zwei Nationen anzugehören, ist ein Balanceakt.
Drei Nationen anzugehören, ist seltsam.
Vier Nationen anzugehören, ist wieder ein Balanceakt.
Fünf Nationen anzugehören, liegt fern.
Sechs Nationen anzugehören, ist ungeschickt.
Sieben oder mehr anzugehören, ist unvorstellbar.
Es gibt weder Balance noch Ungeschicktheit.
Es ist einfach nur verrückt.
All diese Nationen in sich selbst zu tragen, muss schwer sein.
Aber eigentlich doch nicht.
Wenn du akzeptierst, dass alle ähnlich sind.
Dann startest du gerade gut in dein Leben.

KOCHEN

Wenn wir jemanden übers Kochen sprechen hören, wollen wir ebenfalls kochen.
Ein großartiger Koch zu sein, ist nicht immer einfach.
Um genau zu wissen, wie das Essen wird, braucht man ein gutes Auge.
Viele Jahre der Übung, um zu wissen, wie man gut kocht.
Einen guten Geruchssinn zu haben, ist sogar noch wichtiger.
Oh! Die Erinnerung, wie Mutter in der Küche ein Festessen zubereitete.
All diese wunderbaren Gerüche, die das Haus erfüllten, die dich wegen der Vorfreude hungrig machten.
Mmmmm … kannst du das schmecken?
Die wunderbaren Erinnerungen, die deinen Geist mit all den Bildern des wunderbaren Essens erfüllen, das es immer gab, wenn deine Mutter kochte.
Oh! Wie ich jene Tage mit meiner Mutter vermisse.

GRÜN

Etwas Grünes, Großes und Wunderschönes zu sehen.
Selbstbewusst und stolz die Jahre hindurch zu stehen.
Eine stete Erinnerung daran, dass man ungeachtet der Mühe durchkommen kann.
Ein Einzelgänger oder Teil einer Gruppe zu sein, macht keinen Unterschied, du musst nur du selbst sein.
Bleib dir selbst treu und alles wird gut.
Oh! Ein Baum zu sein, der über eine Familie vor mir wacht, ist ein toller Ausblick.

ZUFALL

Der Glauben, dass das Leben zufällig oder vorherbestimmt verläuft, hängt davon ab, wen man fragt.
Das Leben ist vorherbestimmt und indem wir auf unserem Weg Menschen treffen, können wir voneinander lernen.
Manche verweilen eine kurze Zeit in unserem Leben, bei anderen dauert es länger.
Das hängt von der Verbundenheit mit diesem Menschen ab.
Welche Botschaft lernen wir voneinander?
Das müssen wir unser ganzes Leben über herausfinden.
Immer die richtigen Fragen stellen.
Sorgfältig zuhören.
Mit unseren Sinnen fühlen.
Durch unsere Energie können wir die Wahrheit finden.

INSTINKTE

Vertraue dir selbst und alles wird gut.
Umgebe dich nicht mit denen, die noch nicht sicher sind, was ihr Lebenszweck ist.
Sie werden dich dahin zurückbringen, wo du warst, und das willst du nicht.
Deine Seele ist stark und friedvoll.
Umgebe dich mit denen, die so stark und im Gleichgewicht sind wie du.
Sei wahrhaftig dir selbst sowie deinem tiefverbundenen Inneren gegenüber und vertraue deinen Instinkten.
Nimm dich vor denen in Acht, die dich für ihre Zwecke einspannen möchten, ohne es zu bemerken.

GEHEIMNISSE

Sich an Geheimnisse zu klammern, ist nicht gut für die Seele.
Geheimnisse, die tief in der Seele sitzen, kommen gelegentlich heraus.
Tiefliegende Erinnerungen, die man am liebsten vergessen möchte.
Erinnerungen, die so schmerzhaft sind, aber geklärt werden müssen.
Die Vergangenheit ist vergangen.
Und die Gegenwart ist die Zukunft.
Was jemand in der Vergangenheit tat, das schon abgehandelt wurde, sollte auch in der Vergangenheit bleiben.
In der Vergangenheit zu graben, um den Schmerz aufzulösen, funktioniert nicht immer.
Geheimnisse.

WARUM

Das ist eine sehr nützliche Frage.
Warum?
Diese Frage zu stellen bedeutet, mutig zu sein.
Die Antwort zu kennen und zu verstehen, ist genauso nützlich.
Warum?
Fürchte dich nicht zu fragen.
Vielleicht lernst du etwas Nützliches.
Sei es über dich selbst oder über jemand anderen.
Frage und höre aufmerksam zu.

BOTSCHAFT

Wir alle haben eine Botschaft, um sie weiterzugeben.
Egal wie groß oder klein sie ist.
Es ist dennoch eine Botschaft der Hoffnung.
Alle Botschaften sind da, um uns zu helfen.
Die Fähigkeit zu diskutieren, zuzuhören und die Informationen zu verarbeiten, ist für uns alle überaus wichtig, um daraus zu lernen.
Und wie wir die Botschaft verarbeiten, ist ebenfalls wichtig.
Sei es durch einen Spaziergang in der Natur.
Durch Musikhören.
Meditation.
Malen.
Sich auf uns selbst zu konzentrieren.
Schlafen.
Wie auch immer du es tust … sei dir der Botschaft bewusst, nach der du suchst.
Sie ist nicht immer geradlinig.
Sie soll nicht einfach sein.
Wir alle müssen unsere eigenen Lebenserfahrungen durchmachen.
Sei Teil der Geschichte.
Sei offen für die Botschaft.
Verstehst du die Botschaft, es ist sehr wichtig, dass du ebenfalls die Bedeutung dahinter verstehst, da sie dich immens bereichern wird.
Aber sorge dich nicht, wenn du sie beim ersten Mal nicht verstehen kannst; sie wird wiederkommen, in anderer Form.
Unsere Mitmenschen.
Danke für eure Geduld mit uns.
Ohne eure Hilfe durch Gespräche werden wir die Botschaft, die wir lernen sollen, verpassen.
Ich wünsche dir das allerbeste dabei, die Wahrheit zu finden.

BEDÜRFNIS

Das dringende Bedürfnis, jemanden zu sehen, dass es dich vollkommen überrascht.
Diese tiefe Verbundenheit zwischen zwei Seelen.
Die Verbundenheit, die tief bleibt, aber langsam befriedigt sein wird, im Wissen, dass die Verbindung zwischen zwei Menschen immer bestehen wird.
Die Seele langsam erinnern, dass das Leben weitergehen muss, und dass die Verbundenheit dennoch bleibt.
Das Vertrauen ineinander ist die Basis dieser Beziehung und wir warten auf die Zeit und die Zukunft, die uns wieder zusammenführt!
Bedürfnis?
Nicht wirklich.
Aber Vertrauen in die Zeit!

STÖRUNGEN

Das immerwährende Kommen und Gehen in diesem Haus, das meine Gedanken stört.
Das geht an die Nerven, besonders wenn mich Ideen beschäftigen und ich nicht schreiben kann.
Ich nehme an, mein Denken ist wichtiger als das Sprechen.
Aber das Beobachten von Menschen und ihnen zuzuhören hilft, Ideen aufkommen zu lassen.
Immer lernend.
Immer denkend.
Immer verarbeitend.
Alles braucht Zeit, um die richtigen Worte zu finden, um etwas zu schreiben.
Gedanken, die die Wahrheit festhalten.
Geduldig warten, die Wahrheit aussprechen zu können.
Geduld ist eine großartige Tugend!

WINDLICHT

Gott sei Dank kann ich den Regen, die Hitze, den Schnee, den Nebel nicht spüren.
Oder kann ich es?
In gewissem Sinne kann ich es nicht, denn ich bin ein Stein.
Aber von einem natürlichen Standpunkt aus bin ich auch ein Teil der Natur und daher muss ich als Einheit existieren.
Was denkst du?

VERÄNDERUNGEN

Direkt zu beobachten, wie Veränderungen geschehen, ist wunderbar anzusehen.
Tagtäglich den Unterschied zu bemerken.
Sich immer so schnell zu verändern und niemand außer der Natur nimmt Notiz.
Oh, wie wunderschön, und dennoch spüre ich die Veränderung, wenn der Winter langsam beginnt.
Dennoch wird es aus irgendeinem Grund wärmer.
Die Bäume sind genauso verwirrt wie die Tiere.
Aber sie wissen, was geschieht.
Wir müssen einfach nur beobachten und lernen.
Es wird schließlich klar werden!

UNABHÄNGIG

Unabhängig sein zu können, ist der Weg nach vorn.
Sich den Respekt anderer, aber auch den deines Elternteils oder deiner Eltern zu verdienen, ist genauso wichtig.
Wenn du erst ein gewisses Alter erreicht hast, erwartet die Gesellschaft von dir, unabhängig zu sein, ob du bereit bist oder nicht.
Einen Elternteil zu haben, der dich unterstützt, ist wichtiger.
Also ihr alle, die ihr das Alter erreicht habt, in die Welt zu gehen, um ihr selbst zu werden, seid mutig!

ERKUNDUNG

Die Stadt zu Fuß zu erkunden, gehört zu den spannendsten Unternehmungen.
Beim Umhergehen siehst du Dinge, die du sonst nicht sehen würdest.
Der beste Weg, um die Stadt zu erkunden, ist darauf zu achten, wie die Einheimischen ihrem täglichen Leben nachgehen.
Erkundung kann überall stattfinden, nicht nur in Städten.
Durch Erkundungen und das Durchleben der Bewegung, eins sein zu wollen, lernen wir.
Aber manchmal gelingt es uns durch Erkundungen unsere eigene Weise der Person, die wir sein wollen zu bilden.
Wie aufregend es doch ist zu erkunden.
Fragst du dich, was als nächstes auf der Liste steht?

TOD

Der Tod ist nur der Anfang.
Man stirbt nie wirklich.
Unsere Seelen werden eins mit uns.
Einheit.
Energie.
Der menschliche Körper kehrt zur Erde zurück.
Staub zu Staub.
Asche zu Asche.
Freuen wir uns darüber, dass sich der Geist an einen besseren Ort begeben hat.
Darauf warten, dass die Zeit wiederkehrt.

WIEDERGEBOREN

Auch wenn du nicht an die Rückkehr glaubst.
Stell dir einfach nur vor, dass du es könntest.
Würdest du nicht dein Leben nochmal leben wollen?
Wenn du nicht mit der Art und Weise glücklich bist, wie du dein Leben verbracht hast.
Aber niemand ist so perfekt.
Wenn du nicht Gott bist, und das sind in einem gewissen Sinne du und ich.
Wir sind die, die unser Leben und unsere Seelen beherrschen.
Aber in einem menschlichen Sinn sind wir nicht diejenigen, die uns selbst kontrollieren.
Das ist eine Illusion, mit der wir leben.
Nur diejenigen, die erwacht sind, wissen das, andere erwachen erst langsam.
Und mit der Zeit werden auch sie die Wahrheit erfahren.
Das Leben ist, um es so zu sagen, zumindest interessant.

TRAUER

Die zu betrauern, die wir lieben, ist eine menschliche Reaktion.
Menschen und ihre Gefühle.
Aber eigentlich sollten wir uns darüber freuen, dass die Seele, die wir kennen, uns weiterhin begleitet.
Die Energie des Geistes wird ein Teil des Universums und steht immer mit uns in Verbindung.
Die Seele.
Also freue dich.
Sag die Wahrheit und erinner dich an die guten Zeiten.
Die Seele wird immer für die Wahrheit dankbar sein, und auch der Geist.
Das Universum wartet auf die Energie, um wieder eins zu werden.

WARTEN

Warten auf den Tod.
Immer so geduldig auf den Tod wartend.
Wissend, dass die Zeit gekommen ist, die Erde zu verlassen.
Zum Universum zurückzukehren, um bei denen zu sein, die wir so viele Jahre lang vermisst haben.
Familie zurückzulassen, aber im Reinen zu sein, all das ist in Ordnung.
Warten.
Das Warten hat bald ein Ende und deine Seele kann den Körper verlassen, den sie so lange bewohnte.
Den Körper, der von der Geburt bis jetzt so viel durchgemacht hat, manchmal Gutes und manchmal Schlechtes.
Den Sinn des Lebens erfahren; sich selbst und seine Fehler annehmen.
Die Bedeutung des Menschseins.

GEBEN

Anderen geben, sei es in Form von Liebe oder einfach da zu sein.
Manchmal kann man durch materielle Dinge geben, die man nicht braucht.
Geben ist ein Akt des guten Willens.
Geben geschieht aus Liebe.
Um etwas von sich selbst anderen zu geben, braucht es Mitgefühl und Selbstlosigkeit.
Für andere, wenn sie etwas nicht selbst tun können, da zu sein, ist das größte Geschenk, das jemand machen kann.
Liebe.
Integrität.
Selbstlosigkeit.
Reinheit.
Geben.

FREUNDLICHKEIT

Freundlich denen gegenüber zu sein, die man liebt, bedeutet zu zeigen, dass sie einem nicht egal sind.
Jemandem gegenüber Freundlichkeit zu zeigen, der sie braucht, ist genauso wertvoll.
Freundlichkeit steht mit Beistand auf einer Stufe.
Beim Verstehen helfen, dass man anders und einzigartig ist.
Es ist solch eine großartige Erleichterung, verstanden zu werden.
Man muss nichts Anderes sein.
So froh.
Weil ich mich mag.
Und sanft durch deine Freundlichkeit unterstützt zu werden.
Danke!

BERÜHRUNG

Einen anderen Menschen zu berühren ist schön, egal ob es jemand Besonderes ist oder nicht.
Weil Berührung die Sinne anspricht.
Durch diese Berührung kann jemand deine Energie spüren.
Berühren und spüren, dass du sanft und wahrhaftig bist.
Wir alle lieben es, berührt zu werden, sei es durch einen Handschlag, Streicheln, Umarmungen. Außer du wurdest niemals liebend berührt.
Manchmal kann es durch verletzende Mittel geschehen.
Wirklich schrecklich.
Solch Böses in dieser unserer Welt.

GEIST

Segne, oh Geist, in dieser Stunde des Todes.
Nimm den Geist meines Vaters an und sei sanft zu ihm, während er unter den anderen Kräften umherfliegt.
Kümmere dich um ihn, denn er sucht nach der Kraft, die zu seiner Frau gehörte.
Der Geist ist nicht getrennt, sondern eins.
Möge der Geist in Ewigkeit leben, glückselig gewahr, was er gewann.
Vielleicht wird er zurückkommen, um etwas zu erfahren, das er in diesem Leben nicht erfahren hat.
Oh Geist, mögest du voller Freude sein und irgendwann sehen wir uns wieder!

SANFTER MANN

Oh, mein sanfter Mann, wie liebevoll du doch an diesem traurigen Tag bist.
Oh, mein sanfter Mann, wie geduldig du mit mir bist, während ich durch dieses menschliche Gefühl namens Traurigkeit gehe, da mein Vater starb.
Oh, mein sanfter Mann, danke, dass du mich vollkommen verstehst.
Du hast mich durch deine sanfte Unterstützung zufrieden und sicher fühlen lassen.
Danke, dass du mich so wie ich bin, annimmst.
Ich bin nicht ganz dein Typ.
Immer nach Antworten auf meine Fragen suchend.
Ich mag es, alles mit dir zu teilen, da ich weiß, dass du genauso aufgeregt sein wirst.
Du bist sehr wichtig für mich.
Ich liebe dich.
Mein sanfter Mann!

INSPIRATION

Oh meine sanfte Seele, immer nach Antworten suchend.
Du inspirierst andere durch deine Sanftmütigkeit und deine Ruhe zu einem glücklichen Leben.
Durch dein Glück gegenüber dem Leben und deine Offenheit.
Du bist einmalig.
Mögen deine Träume und deine Hoffnungen Wirklichkeit werden.
Aber egal, was da komme. Du wirst niemals aufgeben, da deine Seele stark und zufrieden ist.
Sei Wahrheit und Licht in dieser unserer bösen Welt.

GLÜCK

Tagein tagaus glücklich zu sein.
Der Welt zu zeigen, dass dich nichts angreift.
Den Menschen um dich herum Glück zu bringen, macht dich glücklich darüber, dass du helfen kannst.
Zu wissen, wer du bist, ist ein Segen.
Sei zufrieden, bringe weiterhin deinen Mitmenschen Glück und zeige ihnen, dass sie auch selbst glücklich sein können.
Glück in einem selbst bedeutet, dass man zufrieden und mit sich selbst im Reinen ist.
Zu wissen, dass du anderen Glück bringst, ist eine gute Sache für die Menschheit.
Glück.

EINSAMKEIT

Die Zeit mit sich selbst genießen zu können, ist eine Leistung.
Nicht nur, dass man sich selbst und seine Umgebung wahrnimmt.
Allein zu sein, ohne von den Dingen um einen herum gestört zu werden, wäre besser.
Die Zeit mit sich selbst genießen zu können, hilft Probleme, die entstehen könnten, zu lösen.
Einsamkeit.
Das Gegenteil ist Gesellschaft.
Aber einsam zu sein ist für einen selbst wichtig, da man mehr über sich selbst erfährt.
Menschlich zu sein und sich zu vertrauen und seiner Seele zuzuhören.
All das ist wichtig!

DANKBARKEIT

Oh, welch Überraschung es ist, etwas aus Nettigkeit zu erhalten.
Es war so unerwartet und so liebevoll von dir, dies zu schenken, sodass ich sprachlos war.
Ich fand keine Worte angesichts dieser unerwarteten Freundlichkeit.
Aber ich war glücklich darüber, dass Leute genügend Anteil nahmen, um zu helfen.
Oh, welch wunderbare Überraschung es war.
Danke für das Geschenk.

ERSCHÖPFT

Alle sind erschöpft.
Niemand weiß, wie er weitermachen soll.
Gut, dass wir zu zweit sind, einer für die Unterstützung und einer für das Lachen.
Erschöpft wegen der Schwere, die man ertragen muss, um durchs Leben zu kommen; die Erwartungen.
Der einzige Weg, sich aus der Erschöpfung zu lösen, ist sich aus der Situation herauszubegeben.
Die Erfahrungen, durch die man geht.
Das Leben kann erschöpfend sein.

SCHNEEWITTCHEN

Oh, Spieglein, Spieglein an der Wand.
Wer ist der Sanftmütigste von allen?
Das bist du, denn du bist freundlich, großzügig, selbstlos, geduldig und liebevoll.
Du fürchtest dich nicht vor deinen Mitmenschen und sie wissen das vielleicht.
Auch gut, aber sie schlafen noch und denken, dass sie mehr wissen als du.
Sei freundlich zu dir selbst und vertraue darauf, dass alles gut wird.
Nichts kann dich verletzen.
Oh, mein liebes Schneewittchen!

KONZENTRATION

Sich auf eine Sache konzentrieren zu können, ist der Schlüssel zum Erfolg.
Dich auf dich selbst zu konzentrieren, könnte dir helfen, aber denke an die, die dich brauchen.
Um in Gedanken bei denen zu bleiben, die dich brauchen, bleibe dir selbst treu.
Konzentriere dich auf dich selbst, sagen sie, aber wie kann ich das, wenn mich andere genauso sehr brauchen?
Das ist gewissermaßen sehr schwierig.

GESTALTUNG

Der Planet ist unglaublich.
Eines Tages herauszufinden, dass durch ein Erdbeben neue Inseln geschaffen wurden.
Das ist alles wirklich fantastisch,
wie die Natur sich um sich selbst kümmert.
Dass Vulkane und Erdbeben die Landschaft zerstören, während in Ozeanen, in denen Erdbeben stattfinden, Inseln geschaffen werden.
Oh, wie erstaunlich das alles doch ist.
Und
Gott sei Dank ist es das Einzige, worauf die Menschen keinen Einfluss haben!

ERMUTIGUNG

So sanft ermutigt zu werden, ist das schönste Gefühl überhaupt.
Zu wissen, dass man nicht alleine ist, und dass einem so nett zugehört wird.
Die Hoffnung in sich selbst zu verlieren, während das Leben eher entmutigend ist.
Weiter getreten zu werden, während man versucht, positiv zu bleiben.
Es ist wirklich schwer.
Besonders, wenn alle gegen dich sind.
Dank an meine Freunde, dass ihr für mich da seid.
Ihr habt keine Ahnung, wie ihr meine Seele vor dem Untergang gerettet habt.
Im Laufe der Zeit wird alles gut.
Das ist die Zeit, in der du dich mehr lieben und deine wahren Freunde enger an dir halten musst.

ALLEIN

Vor Kurzem fühlte ich mich allein.
Dieses Gefühl des Verlusts eines geliebten Menschen.
Im Wissen, dass die Seele in und um uns ist; immer spürend, und dennoch ist ihre menschliche Form vergangen.
Sich allein zu fühlen und doch nicht.
Gute Familie und gute Freunde in der Nähe zu haben, ist wichtig.
Allein zu sein, ist ein guter Weg, sich selbst wiederzufinden.
Fürchte dich nicht, allein zu sein.
Mit der Zeit wird alles gut!

FINDEN

Mich selbst wiederfinden zu müssen, ist ein wenig entmutigend.
Im Wissen, dass ich verloren bin und dass ich kein Interesse am Leben habe – ziemlich beängstigend.
Mich selbst wiederfinden zu müssen und diese Aufgeregtheit, am Leben zu sein.
Immer ruhig zu spüren, wie die Energie zurückkommt.
Sich selbst zu finden und mutig zu sein nach einer ermüdenden Menge Stress.
Ein so mächtiger Stress, dass er einen niederschlug.
Er überrumpelte dich.
Bleib stark und du wirst dich wiederfinden.

ERSTICKEN

Fühlst du dich, als würden die Wände immer näher kommen?
Erstickst du manchmal beinahe unter dem Druck?
Fürchte dich nicht, denn wenn du deiner Intuition folgst, wird alles gut.
Es wird Zeit brauchen, dich wiederzufinden, aber nutze deine Sinne.
Tritt nicht in dieselben Fußstapfen wie andere vor dir.
Bleibe, wer du bist, und sie werden es bemerken.
Schließlich sind wir alle menschlich, und doch nicht.
Was ist der Zweck des Lebens?
Besteht er darin zu hassen oder zu lieben?
Zeige ihnen, wer du bist, und sie werden dich vielleicht respektieren!

STURM

Der Sturm vor der Ruhe.
Die Ruhe, die einen umgibt, während der Sturm um einen herum wütet.
Oh ja, Schutz suchen, während es draußen stürmt.
Darauf zu achten, dass man nicht mit dem Sturm hinweg geweht wird.
Manchmal kann der Sturm im Inneren genauso rasend sein.
Oh, achte auf dein Umfeld – niemals wissend, welchen Weg du einschlagen sollst.
Der Sturm.

DARBIETUNG

Heute liefern die Wolken eine richtige Darbietung.
Solch wunderschöne rosa Wolken, als die Sonne aufging.
Zwischen dem Regen und dem Wind.
Der klare blaue Himmel mit den majestätischen Wolken.
Alle Formen und Größen.
Dunkle Wolken.
Helle Wolken.
Klare Wolken.
Vereinzelte Wolken.
Alle rasen für eine Darbietung vorbei.
Ich frage mich, wohin sie gehen.

REFLEXION

Oh, die Zeit kam und ging, während man über seine Vergangenheit reflektierte.
Alles, was wir tun können, ist weiterzugehen.
Wenn wir über die Vergangenheit nachdenken, können wir unsere Fehler annehmen, wodurch wir Geschehenes verarbeiten, das nur verstärkt, wer wir sind.
Sei mutig und sei gewiss, dass alles vergeben ist.
Du bist das Licht.
In welchem du der Welt zeigen wirst, dass du dich nicht fürchtest, für das einzutreten, was richtig ist,
auch wenn das bedeutet, es allein zu tun

BÜRDE

Die Bürde eines anderen Menschen zu tragen, ohne es zu bemerken.
Am Ende ganz erschöpft zu sein, ohne zu verstehen, wie oder warum.
Zu wissen, dass ich alles fühlen und es annehmen kann, weil es nicht wirklich großen Schaden anrichtet.
Ich weiß, was ich bin, und ich weiß, ich kann damit umgehen.
Zu akzeptieren bedeutet, sich selbst intuitiv zu verstehen; wer du bist.
Licht, Liebe und Mitgefühl!

ERINNERUNGEN

Sich die wichtigste Erinnerung vergegenwärtigt zu haben und doch vergessen zu haben, welche es war, so traurig.
Aber hocherfreut, da ich daran erinnert wurde, welche es war.
Solch ein großartiges Gefühl.
Oh, wie hatte ich das vergessen können?
Sie war die wertvollste Erinnerung, die zu einem Teil von mir wurde.
Sie wurde vollständig vergessen, bis es an er Zeit war, erinnert zu werden.
Lustig, wie das Leben funktioniert!

STUDIERENDE

Erinnerst du dich an jene Tage, als du studiert hast, und du zum Waschautomat gehen musstest, um deine Kleidung zu waschen?
Oh, welch großartige Erinnerungen an jene Tage, wenn wir ein- oder zweimal pro Woche mit den Alten dorthin gingen und vierzig Minuten später war alles sauber.
Oh, der Geruch frischer Kleidung.
Erinnerst du dich?

EINFACHHEIT

Was ist mit der Einfachheit geschehen?
Die Kunst zu leben, so wie wir wollen.
Eins mit unserem wahren Selbst zu sein.
Einfach zu sein.
Freunde und Familie werden die Authentizität wertschätzen,
einfach zu sein.
Warum das Gegenteil von Einfachheit?
Das verursacht nur Kopf- und Herzschmerzen, nicht nur in
dir selbst, sondern auch bei deinen Mitmenschen.
Einfachheit.
Werden wir nicht einfach geboren, um einfach zu sterben?
Alles andere ist doch sinnlos.
Ein Weg, Teil von etwas zu sein, wenn wir das in Wirklich-
keit nicht immer müssen.
Denkst du mal darüber nach?

SKEPTISCH

Dem Leben um einen herum gegenüber skeptisch zu sein.
Familien und Freunden gegenüber skeptisch zu sein.
Zum ersten Mal Klarheit im Leben zu haben.
Zu verstehen, was einem wichtig ist.
Das Wissen zu haben, dass es anders sein wird.
Aber vielleicht gibt es Hoffnung.
Dass sich alles mit der Zeit zum Guten wendet.
Zeit ist ein großartiges Heilmittel.
Zeit ist das Gegenteil von Skepsis.
Also, sei geduldig und ergib dich nicht dem Hass.
Denn das kann geschehen, wenn du es zulässt!

SCHLÜSSEL

Der Schlüssel zu jemandes Herzen ist wunderschön.
Zu wissen, wo sich der Schlüssel befindet, ist sehr wichtig.
Derjenige zu sein, der den Schlüssel hat und weiß, was damit zu tun ist, ist noch wertvoller.
Oh, die Schlüsselhalterin zu sein.
Solch Verantwortung zu haben.
Achte darauf, dass der Mensch, der den Schlüssel zu deinem Herzen in Händen hält, eine sanfte Seele hat, denn nur dann wird sich dein Herz öffnen.
Ansonsten vergiss es.

ENDE

Das Ende naht, sodass ein neues Jahrhundert beginnt.
Für viele Seelen ist die Zeit gekommen neu anzufangen.
Für andere wird die Seele weiter so wie bisher durchs Leben gehen.
Wohingegen du für andere sogar noch intuitiver dir selbst und deiner Seele gegenüber wirst.
Deine Seele wird wissen, was zu tun ist.
Also, hab keine Angst.
Das Ende ist nur der Anfang von etwas.
Warte und mit der Zeit wird alles offenbart.

KLAR

Solch ein klarer, wunderschöner Tag, um den Tag zu beginnen.
Die Sonne auf meinem Gesicht spüren.
Wunderschöne Gedanken hegen.
Mit der Sonne eins sein.
Den Frost auf dem Gras und den Bäumen sehen, der mich an jene Zeit erinnert, in der alles wie in weiße Pracht gehüllt ist.
Solch Glückseligkeit.
An jene denken, die in Ländern leben, wo bis auf ihre Herzen alles gefroren ist.
Welch lustige Gedanken.
Wenn ich in Wirklichkeit froh darüber bin, zu Hause zu sein, wo es schön gemütlich ist.

BLÜTE

Oh, die Kirschbäume blühen sehen, besonders im Winter.
Sofort aufgeheitert werden, da das Wetter etwas düster war.
An den Frühling, der vor der Tür steht, erinnert werden.
Voraussehen, dass die Bäume und Blumen blühen und allen ihre Farben zur Schau stellen.
Oh, wie sehr ich den Frühling nicht erwarten kann, um meine Seele zu erheben.
Das Licht bringen, das ebenfalls darauf wartet zu gedeihen.
Aber in der Zwischenzeit werde ich nehmen, was ich kriegen kann.
Danke, Mutter Erde!

STUPS

Eine Seele so sanft anzustupsen.
Sie daran zu erinnern, dass Zeit und Geduld immer warten werden.
Im Inneren den Mut zu haben, tapfer zu sein.
Die erste zu sein, diesen Schritt zu machen.
Die Seele zu sein, die das Risiko, mutig zu sein, auf sich nimmt.
Sich einem anderen Menschen ohne Angst zuwenden.
Stups.
Wir könnten alle tapfer sein, besonders wenn es um die Angelegenheiten des Herzens geht.

DU

Wer bist du?
Bist du wie ich?
Oder bist du ein eigenes Wesen?
Diejenige Person, die definiert, wer du bist.
Bist du tapfer oder ängstlich?
Liebst du oder bist du voller Hass?
Bist du selbstlos oder selbstsüchtig?
Bist du menschlich oder mehr?
Was bist du?
Nur du wirst es wissen, also folge deiner Seele und der Pfad wird dir den Weg weisen.

FALLEN

Fallen, wenn man nicht immer Erfolg hat.
Scheitern anzunehmen bedeutet, die Stärke in sich zu haben.
Wie viele von uns nehmen das Scheitern mit einem offenen Herzen an?
Verstehen, wo man vielleicht vom Weg abgekommen ist.
Niemand kann verantwortlich gemacht werden.
Nur du.
Denn du allein bist für dein Leben verantwortlich.
Du allein hast die Kontrolle.
Denn nur du wirst Erfolg haben oder fallen.
Also, wähle weise!

LEBENDIG

Sich lebendig zu fühlen ist ein Glück im Unglück.
Sich lebendig zu fühlen, auch wenn es vielleicht nicht gut um deine Gesundheit steht.
Sich lebendig zu fühlen, auch wenn der Weg schwer wird.
Sich lebendig zu fühlen, wenn die Menschen um dich herum finster sind.
Sich lebendig zu fühlen, obwohl deine Arbeit manchmal schwer ist.
Sich lebendig zu fühlen, wenn dich das Wetter nach unten zieht.
Sich so lebendig wie manch anderes Mal zu fühlen, das ist am schwersten.
Lebendig zu sein und in erster Linie sich selbst zu lieben.
Und dann einem anderen zu vertrauen,
von ganzem Herzen.

VERTRAUENSVORSCHUSS

Diesen Vertrauensvorschuss in deinem Inneren zu gewähren ist so großartig, dass du dich fragst, warum.
Dieser Vertrauensvorschuss, der dein Leben zum besseren gewendet hat.
Dieser Vertrauensvorschuss, der dich an das Unmögliche hat glauben lassen.
Die Möglichkeit, endlich auf dem richtigen Weg zu sein.
Der richtige Weg, der auf dich gewartet hat, um dich selbst zu finden.
Bist du nicht froh, diesen Vertrauensvorschuss gewährt zu haben?

FINDEN

Bei einem anstrengenden Ereignis herausfinden, was du bist.
Bei dem die meisten Menschen keine Ahnung gehabt hätten, wie sie damit umgehen sollten.
Zu realisieren, dass du die Fähigkeit hast, durch alles hindurchzukommen, wofür du dich entscheidest.
Dass deine Seele zu einhundert Prozent bei dir ist.
Dass sie dich niemals im Stich lassen wird, auch nicht im extremsten Sinne.
Zu realisieren, dass du stark bist.
Dass du deinen Mitmenschen Stärke und Sicherheit gibst, ohne dass sie wirklich wissen, warum.

EHRFURCHT

Ehrfürchtig im Universum sein.
Erinnert werden, wie zerbrechlich es wirklich ist.
Mit allem eins sein.
Die Kraft spüren, falls du das kannst.
Tief in deine Seele schauen; das kannst du, falls du es versuchst.
Es ist großartig.
Dunkelheit mit leuchtenden, hellen Sternen.
Sie funkeln ganz in ihrer Pracht.
Uns erinnernd, wie wertvoll wir wirklich sind.
Ehrfurcht gebietend.
Teil dieser Größe zu sein.
Dieses Universum.
Spürst du nicht die Kraft?

GEBURT

Die Geburt eines neuen Sterns.
Die Geburt des Universums wie wir es kennen.
Die Geburt des Frühlings, Sommers, Herbstes und Winters.
Die Geburt eines neuen Zyklus.
Die Geburt der Natur nach einer kalten Jahreszeit.
Die Geburt eines Kindes.
Die Geburt eines neuen Lebens in allen Sinnen.
Die Geburt wahrer Freundschaften.
Die Geburt vieler neuer Dinge, die noch nicht geschehen sind!
Kannst du dich an Geburten erinnern?

BRÜCKE

Die Brücke ohne Rückkehr.
Sie überqueren, im Wissen, dass du nicht zurückkehren kannst.
Würdest du das wollen?
Nicht wirklich.
Denn du hast deine eigenen Erwartungen übertroffen.
Brücken können die Überquerung von der Vergangenheit in die Gegenwart und weiter in die Zukunft anzeigen.
Warum nicht mehr oder weniger sehnsüchtig zurückschauen, abhängig von deinen vorherigen Erfahrungen.
Aber die Gegenwart ist das, wo du sein solltest.
Denn sie ist das, was dich auf die Zukunft vorbereitet.
Leben!

WENIGSTENS

Wenigstens erwarten, dass etwas aus dem Gewöhnlichen heraus geschieht.
Vollkommen unvorbereitet auf das Unausweichliche sein.
Vollkommen wissen, dass es geschehen konnte, und das tat es.
Alles Teil des Lebens.
Der Pfad ohne Rückkehr.
Nicht immer verstehen, was die Zeit für dich bereit hält.
Aber es muss eine Bedeutung haben.
Wir sind alle auf die ein oder andere Art verbunden.
Wir verstehen niemals vollständig, und dennoch tun es manche.
Und das ist das Mysterium, ein Mensch und ein eigenständiges Wesen zu sein.
Vertraue dir selbst.
Folge deinem Herzen und alles wird offenbart.
Stelle immer Fragen und eines Tages findest du die Antwort.

ZERBRECHLICH

Die Verbindung zwischen Menschen ist in der Tat sehr zerbrechlich.
Man braucht untereinander viel Geduld und Verständnis, um auf gute Kommunikation zu achten.
Sich selbst zu vertrauen, einem anderen zu vertrauen bedeutet, intuitiv in einem selbst zu sein.
Zerbrechlichkeit.
Zerbrechlichkeit wie eine Eierschale.
So ist es zwischen Menschen wirklich.
Und Menschen sind nicht die besten darin, ihren Worten Taten folgen zu lassen.
Sie sind oft das Gegenteil davon!

LEUCHTTURM

Der Leuchtturm in dieser Welt sein.
Den Weg weisen.
Die Wahrheit sein, denn aus irgendeinem Grund können es manche nicht.
Sie würden sich eher hinter ihren Masken oder ihren Egos verstecken und den Leuchtturm vorbeiziehen lassen.
So traurig, denn das Licht ist rein.
Tatsächlich so rein, dass nur diejenigen, die es wert sind, seine Reinheit und seine Stärke erhalten sollten.
Denn das ist der Leuchtturm der Liebe und des Mitgefühls für die gesamte Menschheit.

FRÖHLICHKEIT

Ich liebe es, Menschen zu beobachten, die fröhlich sind.
Sie sind solch wunderschöne Lebewesen, die diese Welt zu einem besseren Ort machen.
Ein Ort der Harmonie.
Wir brauchen mehr fröhliche Menschen, denn sie erinnern uns daran, worum es im Leben geht.
Im Leben geht es um Liebe und Mitgefühl.
Die Schönheit aus dem Inneren zu sehen und zu spüren.
Sie lassen andere Menschen sich gut fühlen, denn durch ihr Leben sind die Menschen zu niedergeschlagen.
Ein Mensch sein!

STILLE

Die Stille im Wald ist ohrenbetäubend.
Zuerst war er durch leichtes Zwitschern und das Rascheln der Blätter lebendig.
Aber innerhalb weniger Augenblicke wurde alles sehr still.
Wie wenn beide Parteien einander belauschen würden.
Jede versucht, die andere zu prüfen.
Versucht vorherzusehen, was die andere tun wird.
Lauschen und warten.
Geduldig.
Jede denkt.
Dennoch nicht ängstlich.
Denn wir fühlen uns beide in unserem eigenen Wesen sehr wohl.
Alle wissen, wer sie sind.
Oh, wieder zu Hause zu sein.
Der Wald.

FLIESSEN

Mit der Zeit zu fließen.
Denn Zeit ist aus der Essenz.
Mit der Zeit fließt unser Wissen vielleicht in die Ewigkeit, und kommt niemals wieder.
Also sollten wir besser mit ihm fließen.
Zeit.
Was ist Zeit?
Es ist diese Verbindung aus der Vergangenheit, der Gegenwart und der Zukunft.
Die Verbindung, die immer so sanft fließt, voller Inspiration, wenn man es zulässt.
Mit der Zeit und allem anderen eins werden.
Niemals wissend, was zu erwarten ist.
Solche Vorausschau.
Wie eine Flüssigkeit.

RISSE

Risse beginnen sich in der Welt zu zeigen.
Spannung zwischen Menschen existiert schon so lange wie es Menschen auf der Erde gibt.
Gab es jemals eine Zeit, in der der Mensch eins war?
In Einheit.
Warum ist es so schwierig, seinen Frieden zu finden?
Die Tatsache anerkennen, dass wir ein kleines Wesen in diesem riesigen Universum sind.
Ich hoffe wirklich, dass der Tag kommen wird, an dem sich der Mensch mit allem Lebendigen in Harmonie befindet.

WERTSCHÄTZUNG

Sich als Mensch geschätzt zu fühlen, ist ein interessantes Gefühl.
Unter Freunden geschätzt zu werden, ist sogar noch einzigartiger.
Denn nicht jeder fühlt sich geschätzt.
Manche geben vor, dich zu schätzen, denn sie sind hinter etwas her.
Andere fühlen sich geschätzt, wenn sie dich missverstehen.
Es ist solch ein wertvolles Gefühl der Liebe unter Menschen, denn es hilft, die Seele zu erweitern.

FREUDE

Anderen Freude bringen.
Für andere, um Freude in dein Leben zu bringen.
Andere beobachten, wie sie sich in deinem Namen freuen.
Denjenigen, die es am meisten brauchen, Freude bringen.
Freude.
Nur, wenn du in dir Freude verspürst, kannst du das auch für andere tun.
Und nicht im Gegenzug um etwas bitten.
Denn so bist du.
Freude.

GROSSARTIGKEIT

Großartig zu sein ist wunderbar.
Dieses Vertrauen in dir zu verspüren ist an sich Großartigkeit.
Sei glücklich, dass du die Antwort gefunden hast, wodurch du dieses Gefühl haben kannst.
Denn ohne es ist das Leben schwer.
Dieses Gefühl, großartig zu sein.
Dieser Glaube, dass du alles erreichen kannst, wofür du dich entscheidest.
Denn das kommt aus dem Inneren.
Daraus, dass du deiner Seele und deiner Intuition zuhörst.
Eins in dir zu werden.
Wir alle verdienen es, uns großartig zu fühlen!

WUT

Es ist einfacher zu hassen als zu lieben.
Es ist einfacher, anderen die Schuld zu geben, als dir selbst.
Es ist einfacher, einen Makel an den Dingen zu finden, auch an der Güte.
Also sei die Veränderung.
Sei stattdessen die Liebe.
Sei derjenige, der sagt, genug ist genug.
Sei derjenige, der vergibt.
Sei derjenige, der für das Allgemeinwohl einsteht.
Sei derjenige, der die Eigenschaften anderer akzeptiert.
Sei derjenige, der versteht, dass er bei der Veränderung anderer Sichtweisen helfen kann.
Ansonsten wird sich der Hass in deine Seele fressen.
Und falls nicht wird deine Seele immer dankbar sein, dass du die Liebe dem Hass vorgezogen hast.

HITZE

Die Hitze des Feuers.
Welche solch eine Zerstörung verursacht.
Aus keinem offensichtlichen Grund, denn sie folgt ihrem eigenen Weg.
Hitze.
Diese Intensität aus dem Inneren.
Diese Wut auf alles Gute.
Warum?
Denn welchen Zweck hat das für dich?
Denn du bist gut – erlaube es daher solchen Gedanken der Verzweiflung nicht, in deine Seele zu gelangen.
Werde eins mit der Liebe und du wirst gegenüber allem Lebendigen ruhig.

NICHTS

Was ist nichts?
Wenn nichts nichts ist.
Ist Nichts das Konzept von Zeit und Raum?
Diese Energie, die durch uns alle fließt.
Oder um uns herum.
Uns verbindend.
Nichts.
Denn ohne etwas ist nichts da.
Ich nehme an, dass wir am Ende diese Frage des Nichts beantworten können.

LÄCHELN

Sei die Erste, die lächelt, denn das bestimmt den Tag.
Sei der erste, der einen Fremden zu Zeiten anlächelt, in denen er vielleicht nicht den Mut zu lächeln hat.
Sei die erste, die lächelt, denn das zeigt, dass alles gut ist.
Sei der erste, der die Welt anlächelt, denn die Welt wird dich auch lieben.
Sei die erste, die lächelt und glückliche Gedanken hat.
Achte nur darauf, dass es aufrichtig ist.
Und
aus der Seele kommt!

SYMMETRISCH

Im Gleichgewicht sein.
Symmetrisch sein.
Genaue Gegenteile sein.
Nichts ist fehlerhaft.
In der Natur perfekt sein.
Das Leben ist nicht symmetrisch, denn nichts ist gleich.
Oder doch?
Denn wir leben in mehreren Dimensionen.
Daher muss es symmetrisch sein.
Es wird abstrakt genannt.
Über den Tellerrand schauen.
Wir dürfen dies, denn wir haben die Wahl, wie wir denken wollen.
Warum sonst leben?

LEUCHTEN

Oh, wie wunderschön die Laternen auf dem Friedhof leuchten.
Solch wunderschöne kleine Lichter, die in der Luft flackern.
Die Steine beleuchtend.
Es verleiht ihnen eine wunderschöne mysteriöse Atmosphäre.
Überhaupt nicht gruselig, wie sie dich glauben machen möchten.
Wenn es nicht so kühl und dunkel wäre, wäre ich länger geblieben, aber der Frost kam auf.
Oh, wie ich diese Atmosphäre schätzen werde.
Solch eine Eleganz, die ihm irgendwie innewohnt.
Solch eine Stille aus der Eintönigkeit des Lebens selbst.
Der Friedhof.

Die Autorin

Nicole Luck wurde in Namibia geboren. Sie besuchte in Indonesien die High School. Sie erwarb einen Bachelor in Philosophie in den USA, gefolgt von einem Master in Hotelmanagement und Tourismus in London. Sie arbeitete 1998 für die Hospitality Group und von 1998 bis 2002 für Delta Airlines. Sie begann erst kürzlich mit dem Schreiben von Gedichten. Ihre Lieblingsbeschäftigungen sind Reisen, Lesen, Schreiben und Denken. Zu ihren besonderen Fähigkeiten gehört komplexe Kommunikation und sie kann hervorragend zuhören. Ihre Poesie beruht auf Lebenserfahrungen. Ihre Gedichte befassen sich mit verschiedenen Themen wie Integrität, Licht, Ehrlichkeit, Mitgefühl, Einzigartigkeit, Natur, Freundschaft, Wahrheit, Liebe, Zeit, Selbstvertrauen und vielem mehr.

Der Verlag

Wer aufhört
besser zu werden,
hat aufgehört
gut zu sein!

Basierend auf diesem Motto ist es dem novum Verlag ein Anliegen neue Manuskripte aufzuspüren, zu veröffentlichen und deren Autoren langfristig zu fördern. Mittlerweile gilt der 1997 gegründete und mehrfach prämierte Verlag als Spezialist für Neuautoren in Deutschland, Österreich und der Schweiz.

Für jedes neue Manuskript wird innerhalb weniger Wochen eine kostenfreie, unverbindliche Lektorats-Prüfung erstellt.

Weitere Informationen zum Verlag und seinen Büchern finden Sie im Internet unter:

w w w . n o v u m v e r l a g . c o m